NÄRBILDER
GÖTEBORG

Copyright © Leif Södergren 2014

ISBN 978-91-982015-1-2

Design, foto och produktion
Leif Södergren

Omslag:
Detalj från Poseidonbrunnen Götaplatsen
Karyatider utanför Valands nattklubb

Nästa sida:
Detalj av broräcke Lilla torget
Detalj av väggmålning "Tomtehuset" Vasagatan

Ovan och höger:
Detaljer från Poseidonbrunnen Götaplatsen
Föregående sida: Svalor från Telegrafverket

LEMONGULCHBOOKS
www.lemongulchbooks.com

NÄRBILDER GÖTEBORG

TEXT OCH FOTO
LEIF SÖDERGREN

INNEHÅLL

1 OSTINDIEFARAREN
6 JUL PÅ LISEBERG
12 TELEGRAFVERKET 1912
26 CARL MILLES: POSEIDON
38 RINGLINJEN
44 TRÄDGÅRDSFÖRENINGEN
52 CARL MILLES: DANSERSKORNA
54 JÄRNTORGET

60 BÄLTESPÄNNARNA
66 GÖTEBORGS SJÖFARTSHISTORIA
74 GÖTEBORGS REMFABRIK
78 DETALJERNA SOM GÖR DET
82 VICTORIAPASSAGEN
84 RÖTT TEGEL
88 GULT TEGEL
90 GÖTEBORG

NÄRBILDER GÖTEBORG

OSTINDIFARAREN "GÖTHEBORG"

Kopior brukar inte vara speciellt unika, det är originalet som har det riktiga värdet. Men ibland kan en kopia vara nog så värdefull som när en grupp entusiaster bestämmer sig för att bygga en kopia av en typisk svensk ostindiefarare från omkring 1750. Det är ett gott betyg för ett samhälle som har individer med inspiration, vision och kraft av detta slag. Ostindiefararen Götheborg är idag världens största seglande träskepp.

OSTINDIEFARAREN "GÖTHEBORG"

Ankaret hissas upp med denna anordning.

Allt tågvirke är lokalt tillverkat efter gamla hantverksmässiga metoder.

NÄRBILDER GÖTEBORG

OSTINDIEFARAREN "GÖTHEBORG"

Riggen är en exakt rekonstruktion av en originalrigg för en ostindiefarare från mitten av 1750-talet

NÄRBILDER GÖTEBORG

Det ostindiska porslinet gav klirr i kassan när det såldes i Sverige.

Kanonen till vänster är gjuten efter en gammal förlaga. Fartyget hade mycket värdefull last och kanonerna användes till försvar mot pirater och vid ceremoniella tillfällen då man sköt salut.

JUL PÅ LISEBERG

Liseberg var en gång en lantegendom där den engelska familjen Nonnen bodde. På vardera sidan av huvudgatan på Liseberg ligger familjen Nonnens två boningshus. Förmodligen skulle det mindre rivas efter att det större byggts nästan precis bredvid, men båda blev kvar och vi har det större på vänster sida och det mindre på höger sida när vi promenerar in på nöjesfältet. Familjen Nonnens lantegendom Liseberg låg på den tiden långt utanför Göteborg och vägen in till Göteborg var inte alltid farbar. Då fick man vänta tills det blev bättre väder och lervällingen torkat upp.

NÄRBILDER GÖTEBORG

JUL PÅ LISEBERG

NÄRBILDER GÖTEBORG

Familjen Nonnen firade säkerligen sina jular på engelskt sätt med plumpudding och engelska julsånger.

Det var Napoleonkrigen som gjorde att pappa John Nonnen (1770-1845) med familj hamnade i Göteborg. De bodde först inom vallgraven där själva staden låg och hyrde ett ett ställe på landet som hette "Liseberg". De kom senare att köpa Liseberg och bodde där året runt. De begåvade och artistiska döttrarna Nonnen blev privatlärare åt många göteborgare. De var väl sedda och mycket omtyckta.

Det har hänt mycket sedan familjen Nonnen bodde här. Deras egendom köptes av Göteborgs stad som förvandlade den till ett nöjesfält i samband med Göteborgsutställningen 1923.

Det är roligt att det finns "spår" kvar av den engelska familjen som hamnade här i Göteborg och satte sin prägel på staden och många av dess invånare. Kanske Liseberg kunde inrätta något som kallas "Familjen Nonnens Värld" (i stil med Evert Taubes värld).

Vänster:
Jul på Liseberg är en fantastisk upplevelse, inte bara med ljus och skridskoåkning, där finns renar och andra djur. Tänk om familjen Nonnen en dag öppnat dörren och magiskt befunnit sig i nutid...
Höger: Tornet har förvandlats till en julgran.

JUL PÅ LISEBERG

TELEGRAFVERKET GÖTEBORG 1912
NYTT STATLIGT VERK BYGGER PAMPIGT

Telegrafverket som var en ny statlig myndighet byggde nytt i Göteborg och det blev ett pampigt bygge. Byggnaden som tog tre år att bygga fick karaktären av en borg, typiskt för arkitekten Björn Hedlunds nationalromatinska stil. I sann nationalromatisk anda användes svensk granit i olika former och svenskt tegel. Här hittar vi inte "utländska" lejon på fasaden som är så vanligt på många andra fasader i Göteborg. Här finns bara svenska djur, svalor, hundar, björnar. Här finner vi även det fina hantverket, så utmärkande för nationalromantiken.

Tyvärr ser byggnaden lite mörk och murrig ut på håll, men tittar man närmare finns här mycket att upptäcka som de skulpterade detaljerna i "granittornet" och mönstret i tegelfasaden. Burspråket i massiv granit imponerar. Var hittar man något liknande idag?

Så gott som hela Kungsgatan är idag belagd med massiva granitblock. En hyllning till denna byggnad? En ren tillfällighet. Den graniten är dessutom inte svensk utan kinesisk. (Bilden ovan är ett vykort)

NÄRBILDER GÖTEBORG

TELEGRAFVERKET 1912

Denna massiva pelare av granit är unik och väldigt speciell med svalorna som sitter tätt tillsammans högst upp, hundarna som lojt lutar sig tillbaka mot pelaren och humleblommorna.

NÄRBILDER GÖTEBORG

SVENSK GRANIT OCH SVENSKA SVALOR

TELEGRAFVERKET 1912

Björnarna (och även hundarna på föregående sida) är skulpterade av Carl Fagerberg (1878-1948).
Notera den fina bården som huggits i granit. Det där lilla extra är bara en av många dekorationer som gör denna byggnad så intressant och värdefull. Den är nu ett byggnadsminne.

CARL ELDH: KAN DU GÖRA EN SKULPTUR AV ETT TELEGRAM ?

Vi har idag svårt att greppa betydelsen av ett telegram, men i början nittonhundratalet hade telegrafin revolutionerat människors liv, öppnat upp deras tillvaro precis som telefon och e-post gjort för oss. Telegrafin var början av en revolution inom elektronisk kommunikation och naturligtvis värdig en fris i granit på det nya svenska statliga verket. Skulptören Carl Eldhs uppdrag var inte det lättaste. Han skulle göra något som reflekterade skickandet av telegram.

Carl Eldh bestämde sig för att göra något symboliskt. En man håller i en svala som han skickar iväg och en kvinna tar emot den. Svalan flyger i flock med andra svalor runt hörnet på huset (notera trådarna) och anländer till en sittande kvinna och där överlämnar den på något sätt, mannens meddelande. Det borde kanske varit en brevduva istället om han skulle varit mer "korrekt" men arkitektens tema för byggnaden var ju just svalor (kanske lite mer eleganta än duvor). Så svalor blev det.

Både mannen och kvinna är nakna, men Carl Eldh valde ofta nakenheten i sina verk. En av hans Strindbergskulpturer är naken.

Ovanför svalorna och den nakna mannen och kvinnan, finns televerkets emblem, de tre kronorna, samt lite av telegrafins praktiska attiraljer; porslinsknoppar och trådar. Carl Eldh kunde känna sig nöjd med uppdraget. Dessutom hade han många andra uppdrag att se fram emot. Han var en av Sveriges mest kända skulptörer vid den här tiden.

TELEGRAFVERKET 1912

ETT VIKTIGT KOMMUNIKATIONSNAV

VÄNSTER: Genom de välvda och rikt dekorerade koppardörrarna (fyra totalt) har miljontals personer genom åren klivit in till telegraf och televerket för att skicka telegram och ringa samtal. Telegrafen och televerket var en viktig inrättning när de flesta inte ens hade en egen telefon, något för oss att tänka på när mobilen plockas upp ur fickan. På tjugotalet arbetade här tusen telefonister. 1928 gjordes första samtalet till Amerika.

OVAN: Här hittar vi återigen svalor, denna gång i takmålningen ovanför koppardörrarna. Det finns ingen byggnad i Göteborg som har så många svalor.
Takmålningarna och det gedigna hantverket visar på inflytande från Arts-and-Crafts rörelsen i England men här finns även element från Jugend
(se även nästa sida)

LITE AV VARJE

I tak och väggmålningarna utanför entrén på telegrafverket ser man det typiska för Jugend stilen, naturens oregelbundna former i stiliserad form.

Telegrafverkets kungliga tre kronor har blivit en del av dekoren (höger).

Vänster: detalj från den massiva granitpelaren på framsidan. Där finns humlehängen som symbol för det lantliga som ju hyllades av nationalromantiken. De olika rörelserna, Jugend, Arts-and-Crafts rörelsen och nationalromantiken korsbefruktade varandra.

NÄRBILDER GÖTEBORG

TELEGRAFVERKET 1912

NÄRBILDER GÖTEBORG

GENUINT HANTVERK

Nationalromantiken eftersträvade användandet av svenskt material och satte värde på det genuina hantverket precis som Arts-and-Crafts rörelsen.

Den massiva dörren (vänster) har oerhört vackra beslag i koppar (lite John Bauer-känsla) och på var sida finns en stiliserad örn uthuggen i granit. Här sparades inte på pengar minsann. Det måste ha varit tillfredsställande att arbeta som konstnär på den tiden.

Vänster: En detalj från en av de fyra (välvda) kopparportarna vid ingången.

Nedan: Bård i granit från trapporna vid björnarna.

TELEGRAFVERKET 1912

Nationalromantiska element: Den råhuggna graniten i fasaden ovan, det hantverksmässiga detaljerna i dörren till vänster och det runda fönstret till höger, detalj från en av de fyra kopparportarna.

NÄRBILDER GÖTEBORG

CARL MILLES: POSEIDONBRUNNEN 1927

Den ståtlige Poseidonfiguren var inte med från början.

När "Brunnskaret" invigdes 1927 fanns inte den sju meter långe Poseidon i mitten. Han placerades mitt i bassängen (karet) först fyra år senare. Stadens styrande tyckte att de ville ha något pampigt på Götaplatsen, något som skulle synas på långt håll så Carl Milles fick ett nytt uppdrag. Men han stötte på patrull bland stadens pryda invånare som tyckte att Poseidon var för oanständig och oproportionerlig. Det blev en hel del diskussioner.

Poseidon är visserligen mycket ståtlig med sina sju meter, men han dominerar de andra figurerna runt brunnen och de kommer inte till sin rätt som det var tänkt från början. Som besökare bör man därför anstränga sig lite, koppla bort jätten en stund och studera alla de mindre figurerna: tritoner, najader, fiskar, sjöjungfrur, diverse sjöodjur och en enhörning.

NÄRBILDER GÖTEBORG

Fyra år senare (1931) bultades Poseidon fast i brunnskaret. Därefter fick de andra figurerna leva i skuggan av en jätte.

POSEIDONBRUNNEN

Här försöker en stor fisk sluka en hel ål och man undrar hur det kommer att gå. Djuret med enhörningshornet som berids av en satyr verkar inte precis stortrivas, eller ?

NÄRBILDER GÖTEBORG

POSEIDONBRUNNEN

Carl Milles har en härlig fantasi. De mänskliga varelserna har fiskstjärtar och det är mycket på gång. Ibland kan det vara svårt att se exakt vad det är som pågår när figurerna är ihopslingrade men det verkar både lustfyllt och fartfyllt.

De pryda göteborgare som tyckte att Poseidon var oanständig hade kanske inte riktigt tittat runt brunnskaret. Där är det verkligen livat värre. Poseidon står ju bara där, helt stilla med en fisk i handen. Han rör ju inte en fena.

POSEIDONBRUNNEN

Ovan kan man urskilja kalufsen på tre unga män som kämpar med ett sjöodjur. Till vänster sticker en ful fisk ut en rätt otäck tunga. Ålen till höger är ståtlig och om den kan kika bakåt vilket jag tror den kan, så kan den skåda hela vägen ned för Avenyn.
Kvinnan som rider på en delfin (höger) tycks ha det roligt tillsammans med de andra delfinerna. Under henne simmar två män.
På nästa sida hittar vi en man och en enhörning (inga fenor på honom).
Ja, det händer mycket runt Carl Milles brunnskar.

NÄRBILDER GÖTEBORG

POSEIDONBRUNNEN

NÄRBILDER GÖTEBORG

POSEIDONBRUNNEN

Samma figurer som på sidan 32, men fotade ur en annan vinkel

NÄRBILDER GÖTEBORG

SPÅRVAGNSSÄLLSKAPET RINGLINJEN

På sommaren och andra tider när Liseberg har öppet, kan man åka med Göteborgs äldre numera pensionerade spårvagnar. Det är en ideell förening, Spårvagnssällskapet Ringlinjen, som står för driften och underhållet och de kör de gamla vagnarna mellan Centralstationen och Liseberg. Det har alltid funnits människor som visat intresse att bevara äldre spårvagnar, så det finns en stor park av sådana. Vagnen till höger med öppna plattformar är en av de första spårvagnarna efter elektrifieringen 1902. Den är byggd på ASEA samma år.

NÄRBILDER GÖTEBORG

Konduktören förflyttade sig över hela spårvagnen för att ta betalt av nypåstigna. Denna nedfällbara stol fanns om han fick en chans att sätta sig ned en stund.

SPÅRVAGNSSÄLLSKAPET RINGLINJEN

NÄRBILDER GÖTEBORG

Det är en fantastisk lyster i inredningen av lackat trä. Tack alla entusiaster för den fina skötseln.

Denna spårvagnstyp kallas för "Mustang" och byggdes av Hägglunds i Sverige.
Två "gammaldags" konduktörer ler glatt. Förr fanns de med på varje vagn (mitt sommarjobb 1965). Det var två konduktörer och en förare på varje vagnset. Det var lite mer trivsamt och inte så jäktigt på den tiden.

NÄRBILDER GÖTEBORG

På sommaren är en resa i en öppen släpvagn mycket behaglig.

Denna ASEA-byggda vagn trafikerade Långedragslinjen .

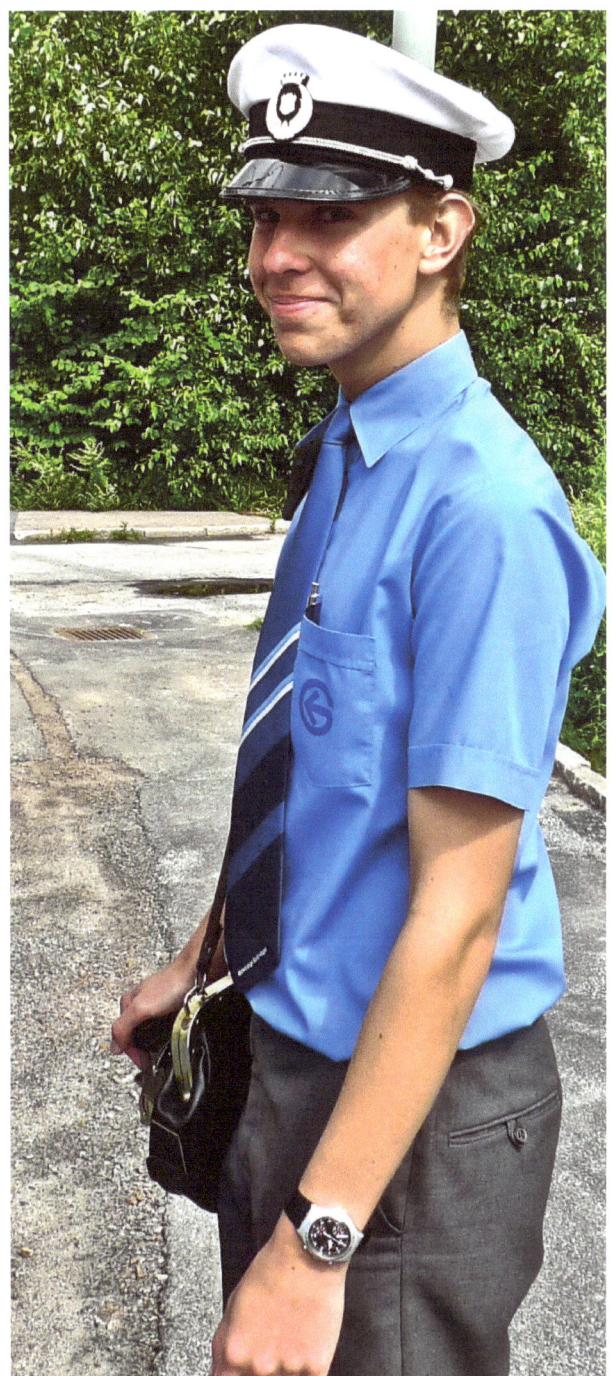

TRÄDGÅRDSFÖRENINGEN

TRÄDGÅRDSFÖRENINGEN

Trädgårdsföreningen är en av Europas bäst bevarade 1800 tals-parker och blev 1992 som första park i Sverige förklarad som byggnadsminne. Den ligger vackert längs hamnkanalen vilket ger ett fint och rofyllt promenadstråk bland gamla träd och inspirerande planteringar.

TRÄDGÅRDSFÖRENINGEN

De här vännerna har hittat ett mysigt ställe i en rosenberså i Trädgårdsföreningen.

Planteringssättet kallas för "carpet bedding" eller "tapetgrupper". På artonhundratalet var detta högsta mode och besökarna till Trädgårdsföreningen var varje år spända på vad trädgårdsmästarna hade hittat på för fina mönster just det året.

TRÄDGÅRDSFÖRENINGEN

De ljusblå liljorna i trätunnorna till vänster och kaktusarna ovan är växter som vi nordbor förvarar inomhus över vintern (i orangerier eller andra svala och ljusa utrymmen). Sedan plockas de fram i början på sommaren, då vi under några månader kan låtsas att vi har ett helt annat klimat än det vi egentligen har och inte befinner oss på samma breddgrad som Sibirien och Alaska.

TRÄDGÅRDSFÖRENINGEN

Trädgårdsföreningen har en av norra Europas främsta rosenträdgårdar med långt över tusen olika sorters rosor.

NÄRBILDER GÖTEBORG

DANSERSKORNA

NÄRBILDER GÖTEBORG

CARL MILLES: DANSERSKORNA 1915

Som Göteborgare kan vi vara glada över att ha så många fina verk av Carl Milles.

I början av nittonhundratalet uppkom något som kallades "fri dans" (Isadora Duncan) och detta fascinerade Carl Milles som gjorde ett flertal skulpturer av dansande kvinnor.

Denna skulptur står på terassen utanför Konstmuseet på Götaplatsen.

JÄRNTORGET

NÄRBILDER GÖTEBORG

JÄRNTORGET OCH SKULPTUREN DE FEM VÄRLDSDELARNA

Järntorgsbrunnen eller **De fem världsdelarna** är en skulptur av Tore Strindberg (1882-1968). Där finns en fontän i granit, ett brunnskar i gjutjärn och fem kvinnor som representerar de fem världsdelarna.

JÄRNTORGET

NÄRBILDER GÖTEBORG

JÄRNTORGET

Kvinnan som representerar Nordamerika håller i en Frihetsgudinna.

En annan, lite lustig skulptur på Järntorget.

NÄRBILDER GÖTEBORG

Brunnskaret är utformat under medverkan av arkitekt Carl Bergsten. På brunnsskålen som är gjuten vid Näfveqvarns Bruk, finns järnstämplar från de gamla bruken i Bergslagen.

BÄLTESPÄNNARNA

BÄLTESPÄNNARNA 1859

Skulpturen av J. P Molin (1814-1873) föreställer två män som kämpar mot varandra i den forntida tvekampsformen "spänna bälte". De som kämpar har bundits samman med ett bälte och kämpar sedan mot varandra på liv och död.

Kampen gäller en kvinna och på sockeln ges bakgrunden till kampen i form av reliefer i brons (följande sidor) som dramatiserar konflikten. De två männen dricker och kommer ihop sig. Kvinnan bönar och ber att de inte skall strida.

BÄLTESPÄNNARNA

NÄRBILDER GÖTEBORG

BÄLTESPÄNNARNA

NÄRBILDER GÖTEBORG

GÖTEBORGS SJÖFARTSHISTORIA PÅ EN FLAGGSTÅNG

GÖTEBORGS SJÖFARTSHISTORIA PÅ EN FLAGGSTÅNG

Ett av våra två stora rederier i Sverige var Transatlantic. Under goda tider byggde man ett nytt huvudkontor på Packhusplatsen (1944), med slät fasad av finhuggna granitplattor. Det finns två fina reliefer på fasaden (vänster).

På något sätt ville man nog visa upp sin verksamhet utanför själva kontoret och därför lät man en konstnär (Arvid Bryth 1905-1997) göra en skulptur i form av en flaggstång (höger). Det kan vara lätt att springa förbi den om man har bråttom, men det är värt att stanna till och ta sig en titt. Den beskriver nämligen de olika delar av världen som Transatlantic trafikerade.
Det är ju intressant sjöfartshistoria.

GÖTEBORGS SJÖFARTSHISTORIA PÅ EN FLAGGSTÅNG

NÄRBILDER GÖTEBORG

Det är tämligen enkelt att se vad för land eller världsdel som konstnären beskriver. Man kan inte låta bli att bli imponerad av alla detaljer.
Idag skulle nog ingen välja en flaggstång som ett sätt att kommunicera ett budskap, men när våra rederier är som bortblåsta är flaggstången kanske en liten tröst. Den väcker minnen för dem som levde när göteborgsvarven sjösatte de av de svenska rederierna beställda fartygen och Röda Bolagets bogserbåtar assisterade vid sjösättningen.

GÖTEBORGS SJÖFARTSHISTORIA PÅ EN FLAGGSTÅNG

NÄRBILDER GÖTEBORG

GÖTEBORGS SJÖFARTSHISTORIA PÅ EN FLAGGSTÅNG

Dessa figurer, totalt fyra, representerar förmodligen de fyra väderstrecken.

NÄRBILDER GÖTEBORG

GÖTEBORGS REMFABRIK 1891-1977
ETT UNIKT LEVANDE MUSEUM

NÄRBILDER GÖTEBORG

Göteborg hade en gång en mycket omfattande textilindustri och ägarna tjänade stora förmögenheter. Remfabriken (där man tillverkade remmar) är ett av de mest intressanta museér vi har i Göteborg. Maskinerna används fortfarande och det är fantastiskt att se dem arbeta.

Nu när så mycket tillverkning flyttat utomlands behöver vi känna till vår industriella historia. Så ett stort tack till de eldsjälar som arbetat för att bevara remfabriken som nu är ett byggnadsminne.

GÖTEBORGS REMFABRIK

RISKFYLLD REMDRIFT

Det var ingen rogivande arbetsmiljö precis. Vävmaskinerna dunkade kolossalt. När alla vävstolarna var igång var det ett väldigt liv och arbetarna kunde inte samtala med varandra. Det var ett dammigt och riskfyllt arbete. Många skadades.

Det var i England som den industriella revolutionen började på 1750-talet. Den kom till Sverige på 1850-talet. I England tillverkade och sålde man även textilmaskiner till andra länder. Remfabriken köpte sina maskiner från Robert Hall & Sons Bury Ltd i Bury.

De som arbetade med maskinerna kanske inte saknar dem, men jag tycker att dessa gjutjärnsmaskiner har en speciell skönhet, elegans och värdighet.

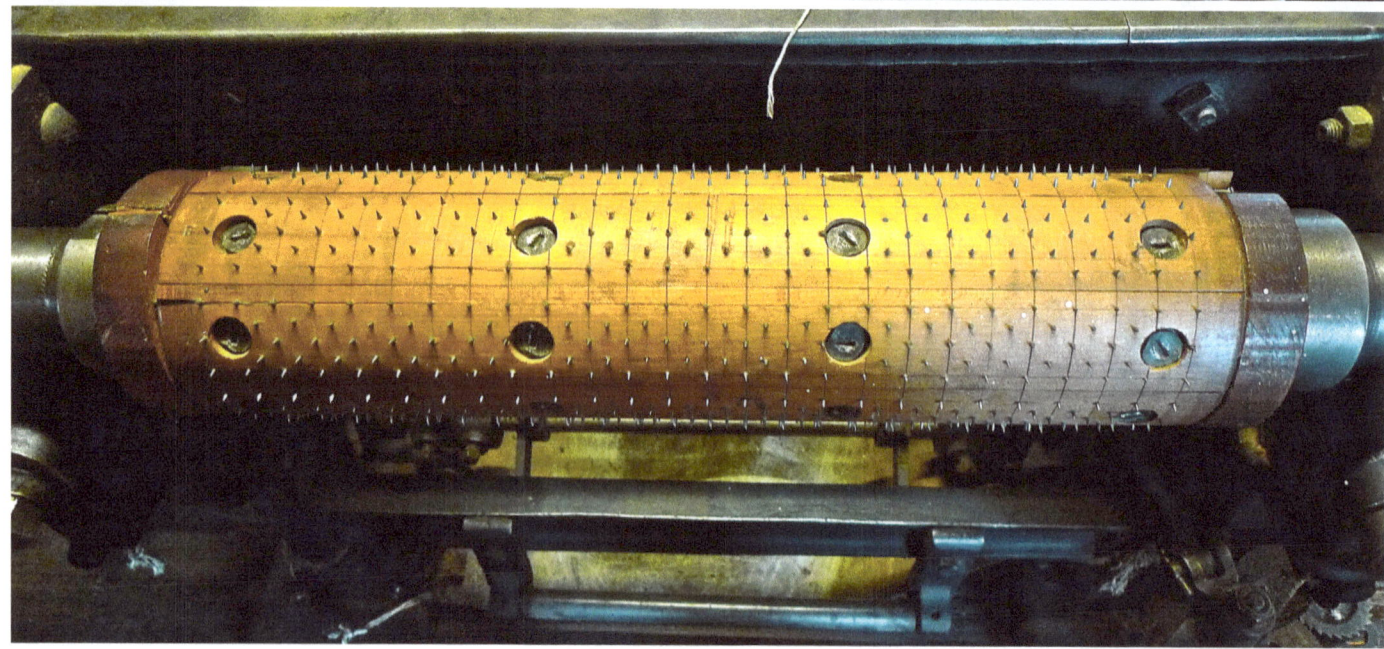

NÄRBILDER GÖTEBORG

Innan det fanns elektricitet användes vattenkraft eller ångmaskiner som kraftkälla. Från början använde Remfabriken en enda ångmaskin (kol forslades på pråmar till fabriken på Mölndalsån). Den stora ångmaskinen som fanns i en separat byggnad, överförde kraften till de olika vävstolarna upp genom tre våningar via ett transmissionsystem med axlar och remmar (se detalj ovan). Det var ett väldigt komplicerat system.

Det fanns ett stort behov av remmar till denna typ av remdrift så Remfabriken hade mycket att göra med att väva och sälja remmar. Fabriken vävde även brandslangar.

DETALJERNA SOM GÖR DET

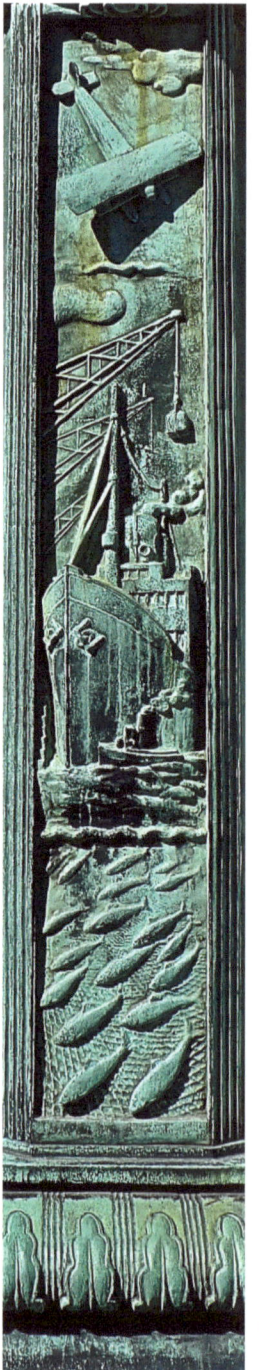

Denna sida:
Ovan: Drakhuvud vid fontänen framför Domkyrkan i Göteborg. Vänster och höger: detaljer från flaggstänger vid Brunnsparken i Göteborg. Herman Bergman 1932.

Motsatta sidan:
Överst: Norra Hamngatan 40. Arkitekt Arvid Bjerke 1912. Notera hundarna, det är inte ofta man ser hundar på fasader i Göteborg eller andra ställen. Därunder, en fris i granit från den gamla posten vid Centralstationen.

DETALJERNA SOM GÖR DET

Denna sida: Detalj från portalen HDK Högskolan för Design och Konsthantverk eller gamla Slöjdföreningen byggd 1904. Arkitekt Hans Hedlund. I den hårda svenska graniten har mjuka Jugend-inspirerade former huggits fram.

Motsatta sidan: Högskolan för Design och Konsthantverk.

Mitten: Fris i terrakotta från Avenyn 27.

Nederst: Väggmålning på "Tomtehuset" på Vasagatan.

NÄRBILDER GÖTEBORG

VICTORIAPASSAGEN

En av de två ingångarna till Victoriapassagen

NÄRBILDER GÖTEBORG

CHARM SOM GÅR HEM

Victoriapassagen är en väldigt anspråkslös men mycket charmig passage genom ett kvarter i centrum. Känslan är mysigt gammaldags och passagen är en oas från den syrefattiga luften i de stora kedjebutikerna. Vi människor behöver områden som inte är likriktat sönderexploaterade. Just därför söker vi oss till Victoriapassagen, Magasinsgatan eller delar av Gullbergsvass som har samma känsla.

Bås för trendigt kaffedrickande

En av de två ingångarna till Victoriapassagen

RÖTT TEGEL

Ena gaveln på Röhsska museet, Vasagatan. Arkitekt Carl Westman (1866-1936).
Notera det fina hantverket i järnsmidet och figurerna vid taket samt armaturen i koppar (höger)

Rött handslaget tegel är intimt förknippat med nationalromantiken. Teglets egenart får här tala sitt eget språk. Byggnader i rött tegel kan tyvärr lätt förbises. De är rätt försynta av sig i stadsbilden där rikt dekorerade ljusa putsade fasader ofta pockar på vår uppmärksamhet.

NÄRBILDER GÖTEBORG

RÖTT TEGEL

Överst:
Bostadshus Olof Wijksgatan. Där finns rött tegel, granit, och mycket smidet järn i grindar och balkonger.

Höger:
HDK Högskolan för Design och Konsthantverk eller gamla Slöjdföreningen byggd 1904. Arkitekt Hans Hedlund. (se även sid 80-81)

RÖTT TEGEL

Överst: fasaddetalj från Storgatan som har många mycket fint dekorerade fasader. Det är en gata väl värd ett besöka.

Höger, motsatta sidan: Olof Wijksgatan. Intressant pelare i rött tegel med vas i granit. Nationalromantiskt materialval.

Carl Westman ristade in diverse dekorationer, årtal och signaturer i det handslagna teglet till Röhsska museet medan det tillverkades på tegelbruket. Det gör fasaden väldigt intressant och levande (vänster och höger).

NÄRBILDER GÖTEBORG

GULT TEGEL

NÄRBILDER GÖTEBORG

GULT TEGEL

I rättvisans namn måste jag även nämna gult tegel eftersom det finns så många prominenta byggnader i Göteborg med gult tegel framförallt vid Götaplatsen. Där finns Stadsteatern med ett väldigt speciellt och vackert handslaget gult tegel.

Domkyrkan (vänster) får representera en äldre byggnad med vackert gult tegel.

Det gamla Posthuset på Centralstationen är ett annat fint exemplar.
Det är byggt i nationalromantisk stil och verkligen pampigt nu när det har renoverats och blommat upp i form av ett hotell. Pelarna är i svensk granit och friserna nedanför trappan (ovan och till höger) är även de i granit. I sann nationalromantisk anda har byggnaden genomgående fint hantverk.

GÖTEBORG

En gång bodde jag i en amerikansk stad där det inte fanns allmänna grönområden som vi har här i Göteborg. Det kändes väldigt instängt och det fick mig att förstå hur enormt privilegierade vi är som bor i Göteborg med våra parker och grönområden och vår tillgång till skogar utanför Göteborg via allemansrätten.

Amerikanare flyttar omkring i sitt stora land på ett sätt som vi svenskar definitivt inte gör. Därför är det så viktigt att staden man bor i är något man kan vara stolt över och må bra i.

Det finns otroligt mycket fint i Göteborg som hade varit roligt att ta med i boken, men det får bli en annan gång. Jag har visat dig några av mina bästa fotografier från Göteborg med avsikten att inte snåla på färgbilderna. Jag har samtidigt lyft fram några av Göteborgs dolda juveler och hoppas att du sett något nytt och intressant.

Tack för att du hängde med!

Leif Södergren 2014

NÄRBILDER GÖTEBORG

LEMONGULCHBOOKS

MY DARLING OLGA
Folke Jonsson Letters 1909-1961
by Leif Södergren

OLGA & FOLKE
En bilderbok från en svunnen tid 1909-1978
av Leif Södergren

LEMON GULCH
New Edition of the Comic Cult Classic.
by Donovan O'Malley

THE IMPORTANCE
OF HAVING SPUNK
A Comic Novel with a twist to
the battle of the sexes,
and a nod to Oscar Wilde
by Donovan O'Malley

OUR YANK
An American student comes of age in Oxford
during the Cuban Missile Crisis of 1962
by Donovan O'Malley

THE FANTASTICAL MYSTERY
OF RITTERHOUSE FAY
A London Tale
by Donovan O'Malley

THE JIMMY JONES SKANDAL
A humorous bedtime story for grown-ups.
By Donovan O'Malley
Illustrated by the author

SKANDALEN OM JIMMY JONES
En godnattsaga för vuxna
av Donovan O'Malley
Illustrerad av författaren
översatt av Leif Södergren